Les lunettes de Colette

À Colette.
Avec ou sans lunettes,
chez Papoum et Mamita, la vie est chouette !
M.

Au Docteur Nicolas Alfonsi.
A. B.

www.flammarion-jeunesse.fr

Éditions Flammarion – 87, quai Panhard-et-Levassor – 75647 Paris Cedex 13
ISBN : 9782080284457 – N° d'édition : L.01EJEN002082.N001
Dépôt légal : août 2022
Imprimé en Espagne par Liberdúplex – juin 2022
Loi n° 49-956 du 16 juillet 1949 sur les publications destinées à la jeunesse.

Les lunettes de Colette

Texte de
Magdalena

Illustrations de
Aurélie Abolivier

CASTOR POCHE

Médecin
Papa
Maman
Maîtresse
Colette

Je joue pour bien lire

1 **J'écris** le *ette*.

ette ette

2 **J'entoure** les ETTE / *ette* / ette.

ETE

elle

ette

ete

etet

ETTE

ette

tete

ETET

3 **Lis** les syllabes

à voix haute.

BETTE	PETTE	METTE	RETTE
LETTE	SETTE	FETTE	CHETTE
DETTE	TETTE	NETTE	VETTE

Choisis la bonne syllabe

pour compléter le mot.

ga.........

Réponse : galette.

4 **Regarde** chaque dessin.

Dis le mot à voix haute.

Trouve le mot dans

lequel tu n'entends pas

le son [ette].

a. 

b. 

c. 

d. 

e. 

Réponse : d.

Tous les matins,

Colette secoue sa couette.

Elle cherche

dans toutes les cachettes.

Colette ne trouve

ni ses barrettes

ni ses chaussettes.

« Où sont-elles ? »

À l'école,

ce n'est pas mieux.

Colette confond les lettres.

Et elle ne colle pas

les bonnes étiquettes !

COURT
CHAT
DU

À la cantine, c'est pire.

Colette ne trouve pas

sa serviette.

Elle renverse son assiette

et fait tomber sa tartelette.

Saperlipopette !

La maîtresse se fait

du souci.

Les parents de Colette

aussi.

Mais le médecin

a tout compris. Il dit :

« Cette fillette

ne voit rien !

Il lui faut des lunettes ! »

Colette regarde

les lunettes.

Elle fait sa coquette.

Elle joue la vedette.

Colette ne veut pas

de monture à paillettes.

Ni de monture violette.

Elle choisit des lunettes

couleur noisette.

Maintenant, la vue

de Colette est bien nette.

Colette a retrouvé

ses barrettes,

ses étiquettes

et sa serviette !

L'
OiSEA
CHAT
MANGE
LE
CHiEN
COURT
DANS
LE
JARDIN

En salopette,

Colette fonce

sur sa trottinette.

La vie est chouette

avec des lunettes !

Je joue pour bien comprendre

1 **Remets** les images dans l'ordre.

a. 

b. 

c. 

Réponse : b, c, a.

2 **Trouve** l'image qui correspond à la réponse.

a. Colette ne trouve pas :

 ou 

b. Les lunettes de Colette sont :

 ou 

Réponses : a. sa serviette ; b. couleur noisette.

Retrouve les histoires de **Je rentre en CP** pour apprendre à déchiffrer de nouveaux sons.

L'anniversaire de Max

Lili et la souris

Un bisou pour Nour

Sacha joue à cache-cache

Zoé fait du vélo

Jules au musée

Le ballon de Manon

La danse d'Antoine

Éloi joue dans les bois

Rose et le roi Médor

Le jardin de Gabin

En classe, Sara !

L'été de Léna

Abel se baigne

Aimad aide sa marraine

Les lunettes de Colette

Découvre la collection **Je suis en CP** pour continuer ton apprentissage de la lecture.

NIVEAU 1
Je commence à lire

C'est la rentrée !

Dispute à la récré

Le nouveau

C'est l'automne !

Alerte aux poux !

La fête à la cantine

Journée à la ferme

Un chien à l'école

Il neige !

Noël à l'école !

Jaloux !

La galette des reines

Toute l'actualité de la collection, les astuces de Magdalena et plein d'autres surprises sur **www.jesuisencp.fr**

Je suis en CP

Pédagogie Montessori

Mieux apprendre grâce aux neurosciences dans le respect du rythme de chaque enfant.

Une méthode de lecture, une méthode d'écriture

et 6 cahiers d'apprentissage